Marie-Thérèse FISCHER – Francis KELLER – Christophe CARMONA

Cette histoire qui a fait l'Alsace

9 - Allons, enfants... (de 1792 à 1815)

Éditions du Signe

Éditeur :
ÉDITIONS DU SIGNE
1, rue Alfred Kastler - Eckbolsheim
B.P. 94 - F-67038 Strasbourg Cedex 2
Tél. : 03 88 78 91 91
Fax : 03 88 78 91 99
www.editionsdusigne.fr
e-mail : info@editionsdusigne.fr

Scénario :
MARIE-THÉRÈSE FISCHER

Dessinateurs :
FRANCIS KELLER
CHRISTOPHE CARMONA

Coloriste :
SAMBO CHHUN

© 2012 ÉDITIONS DU SIGNE - 107989
Tous droits réservés - Reproduction nterdite
ISBN : 978-2-7468-2665-6
ISSN : en cours
Dépôt légal 1er trimestre 2012

Imprimé en U.E.

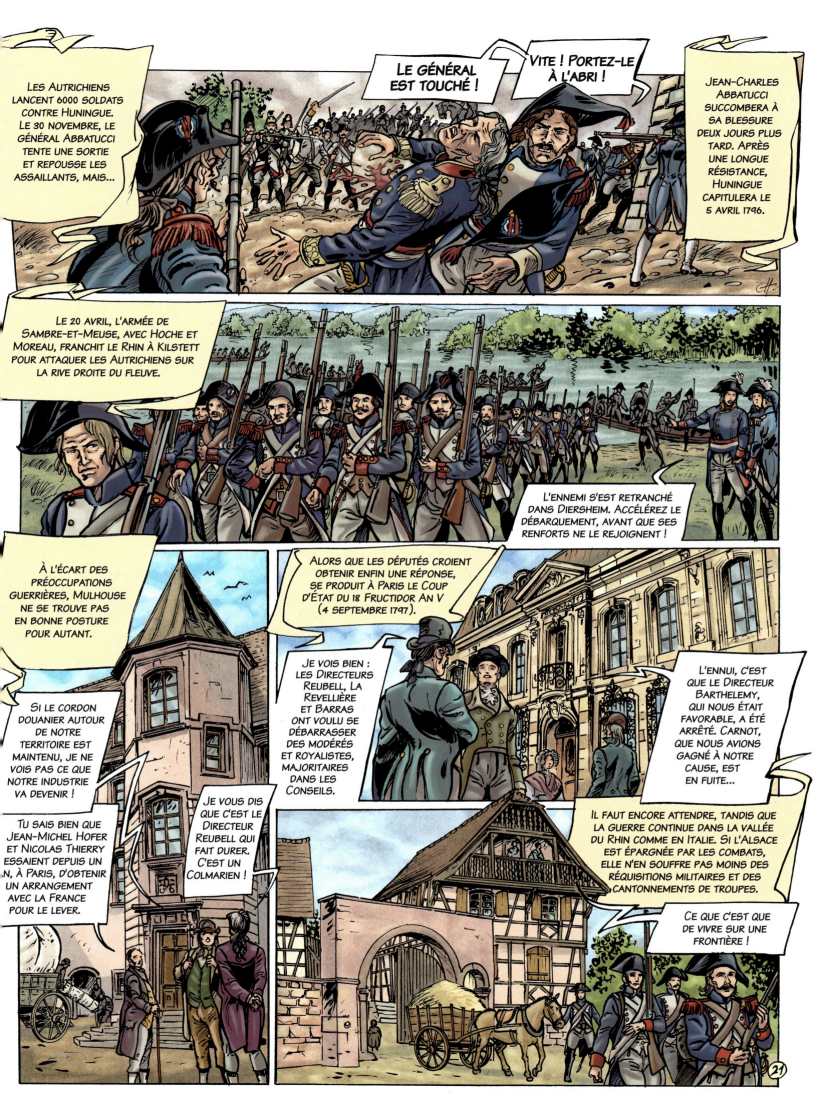

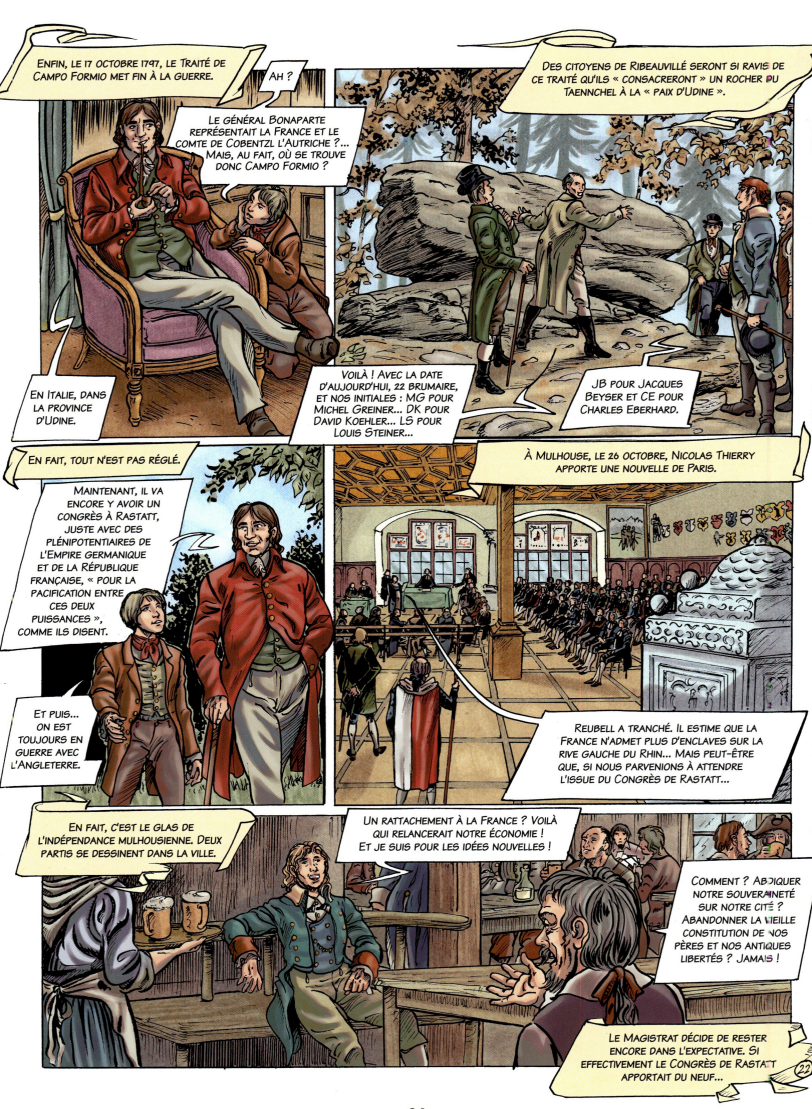

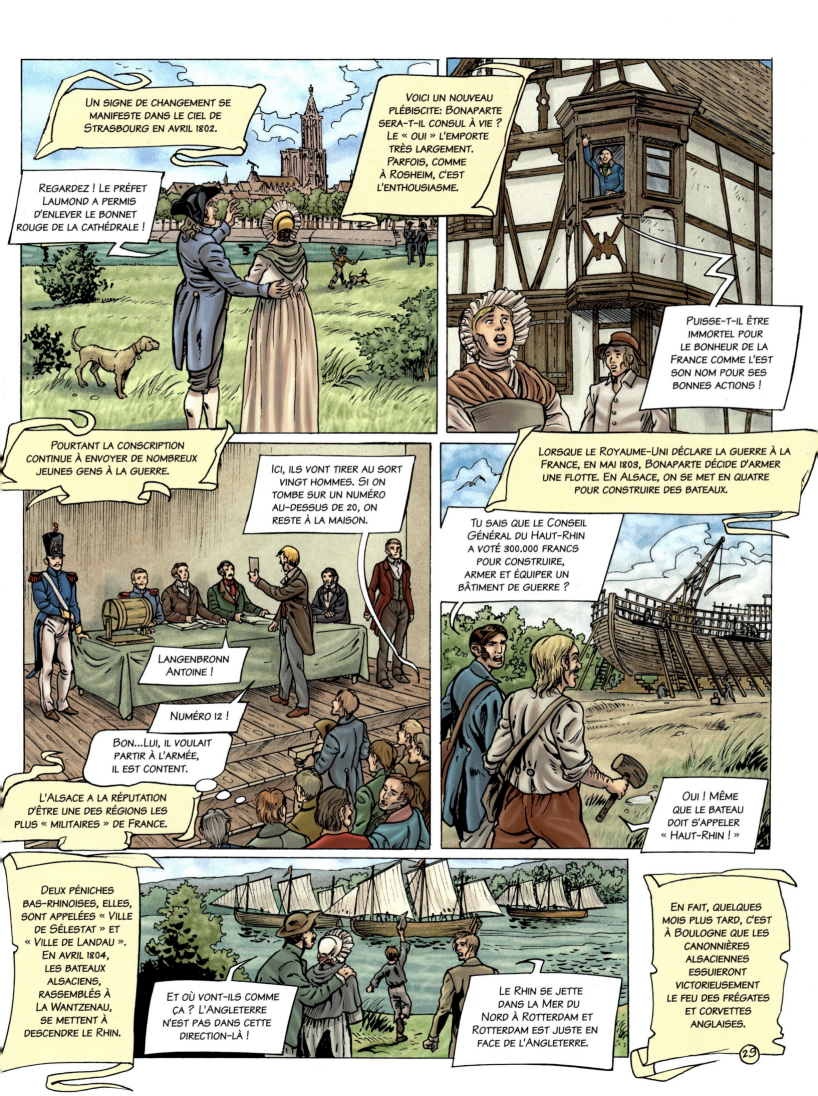

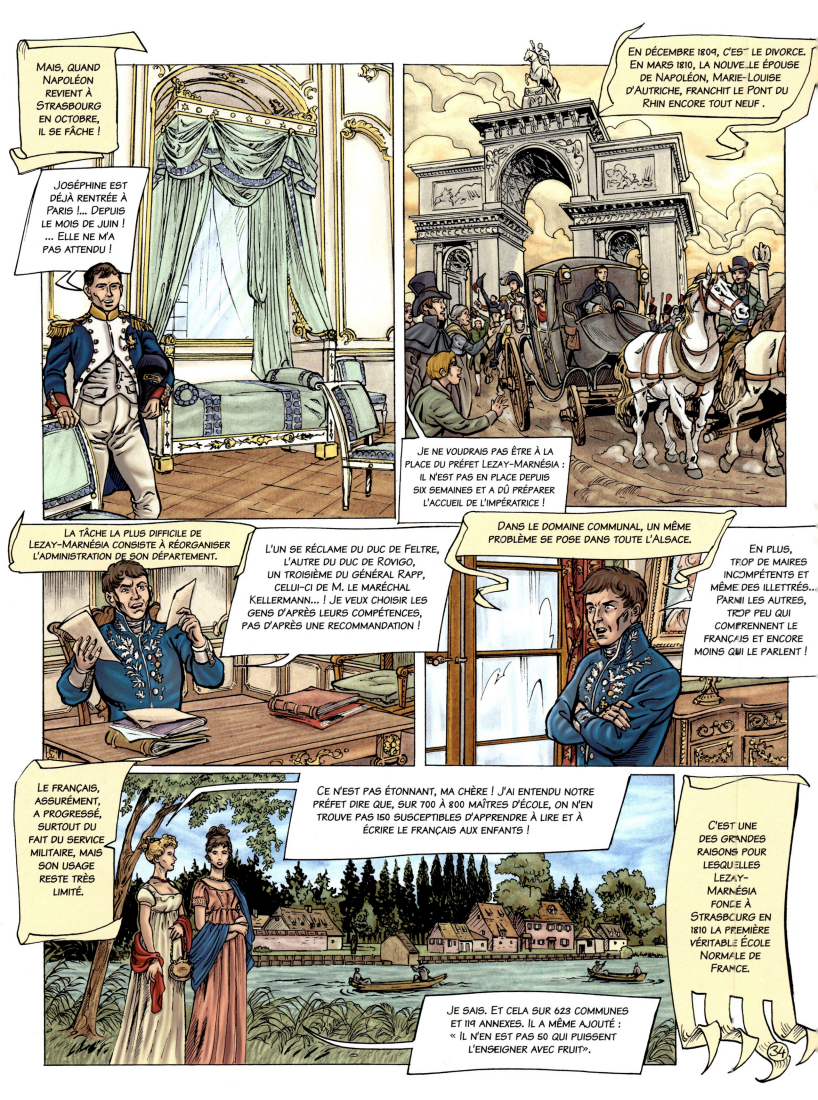

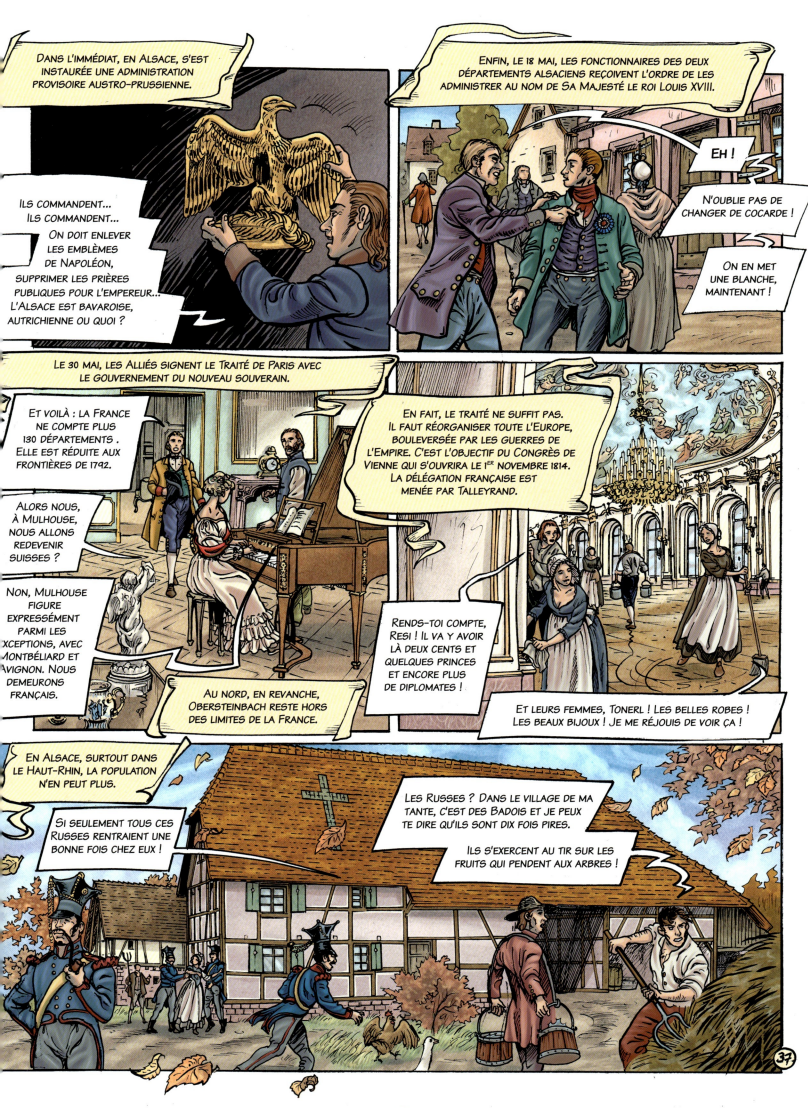

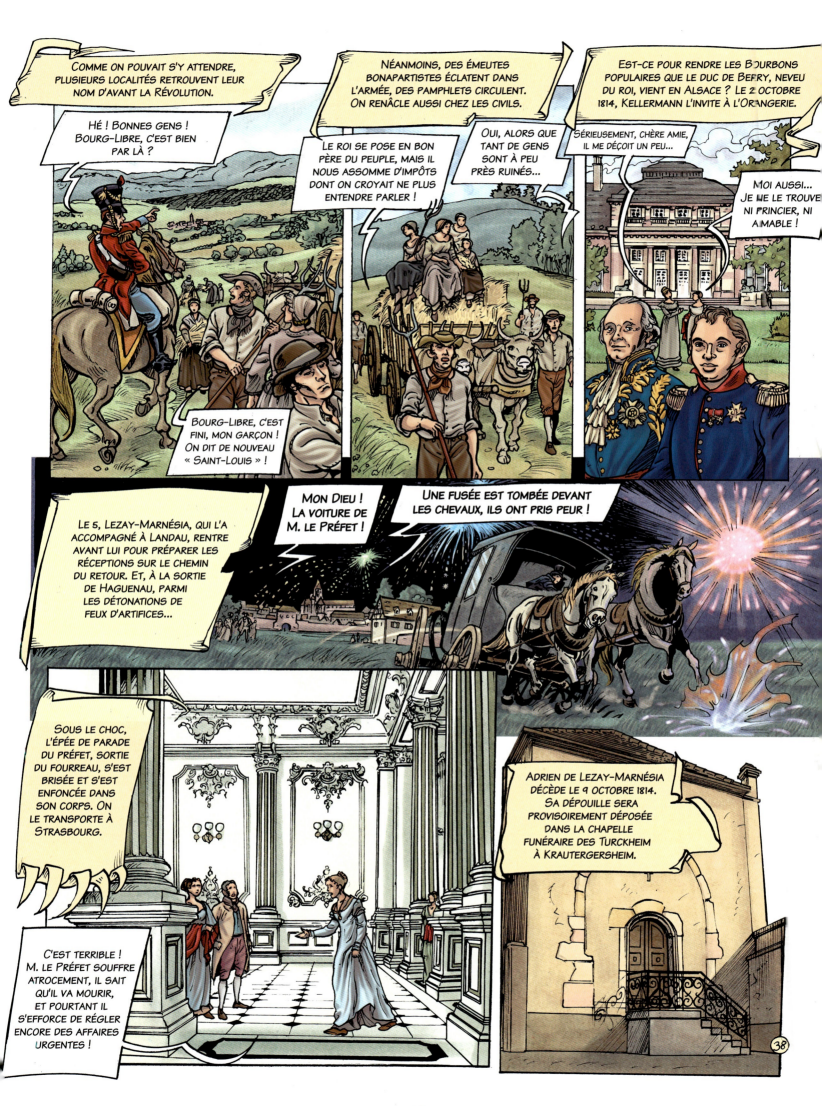

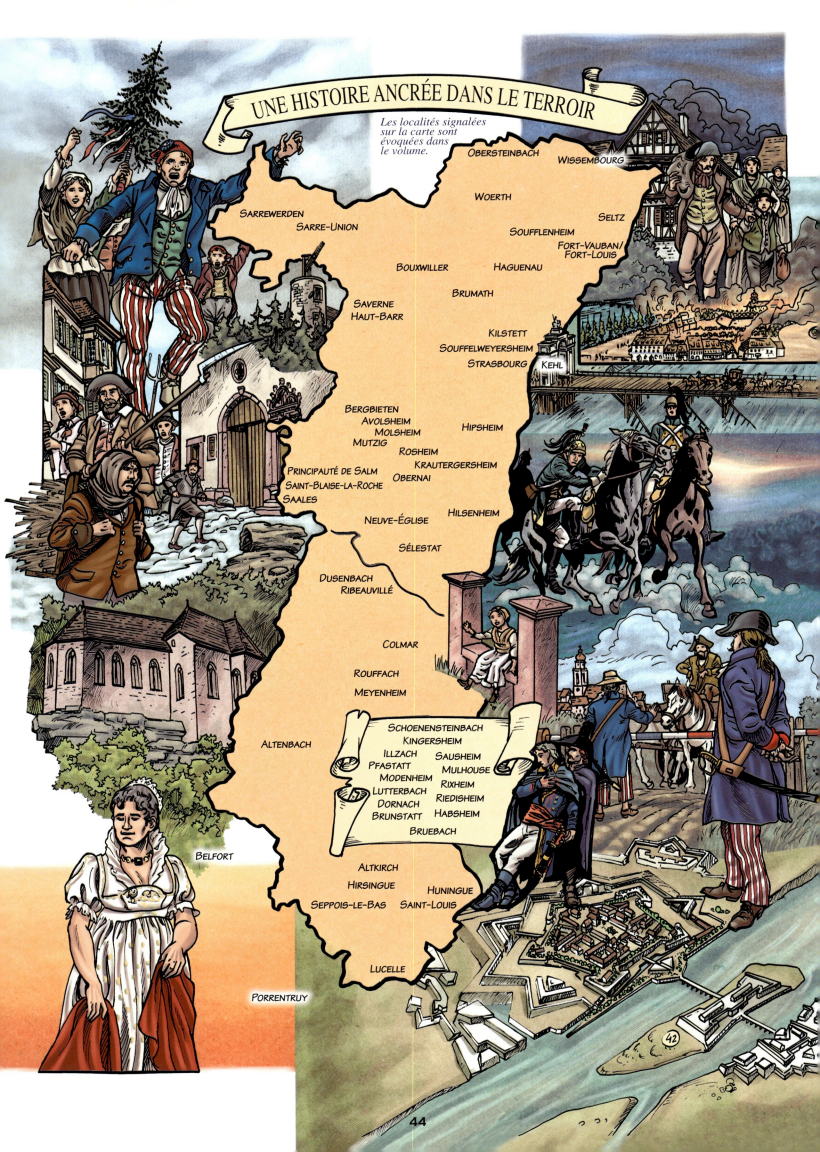

Un petit plus...

Les revoir « en vrai »...

À Bouxwiller (67): la maison (p. 12, case 6).
À Bischwiller (67): la mairie (p. 9, case 3).
À Brumath (67) : la maison (p. 9, case 4).
À Colmar (68):
• Le Quartier des tanneurs (p. 3 case 4).
• La Collégiale Saint-Martin (pl. 11, case 5).
• Les arcades (p. 41, case 1).
À Graufthal (67) : les maisons troglodytes (p. 1, case 1).
À Haguenau (67) :
• La rue (p. 9, case 2).
• Les maisons (p. 14, case 2, et p. 41, case 2).
Le Haut-Barr (67) : (p. 26, case 2).
À Hirsingue (68) : la maison (p. 17, case 2).
À Hirtzbach (68) : la statue de sainte Afra et le tabernacle (p. 12, case 1).
À Huningue (68) :
• L'auberge (p. 21, cases 3-4).
• Au Musée Historique : le poêle de la chambre de Madame Royale (p. 21, case 5).
À Illfurth (68) : la Burnkirch (p. 38, case 5).
À Krautergersheim (67) : la chapelle funéraire (p. 40, case 6).
À Molsheim (67) :
• La rue (p. 8, case1).
• La Metzig (p. 43, case 3).
À Mulhouse (68) :
• La « cour des chaînes » (p. 23, case 3).
• La maison (p. 23, case 4).
• La maison Mieg avec la fresque de Winkelried (p. 25, case 6).
• Au Musée Historique : le plateau et les clés (p. 25, case 4).
À Obernai (67) : la rue (p. 41, case 5).
À Oltingue (68) : la chapelle Saint-Brice (p. 30, case 4).
À Rosheim (67) :
• la maison Netter (p. 12, case 5).
• l'oriel (p. 31, case 2).

À Sarre-Union (67):
• le temple réformé de la Ville-Neuve (p. 7, case 1).
• la vue de la Ville-Neuve vers Bouquenom (p. 18, case 1).
À Saulxures (67) : la maison (p. 5, case 5).
À Sélestat (67) : la Commanderie (p. 19, case 2).
Près de Sélestat (67): le « banc du roi de Rome », sur le C.D. 21 (p. 37, case 1).
À Seltz (67):
• l'église (p. 4, case 3).
• la maison (p. 26, case 1).
À Soufflenheim (67) : la maison (p. 14, case 3).
À Strasbourg (67):
• Au musée alsacien: l'armoire datée de 1790 (p. 3, case 2).
• Au Grand Séminaire :
  - la façade rue des Frères (p. 8, case 4).
  - l'escalier (p. 20, cases 1 à 3).
• L'Aubette (p. 10, case 2).
• La Maison de l'Œuvre Notre-Dame (p. 11, case 3).
• La maison (p. 12, case 3).
• L'Hôtel de Darmstadt, aujourd'hui résidence du gouverneur militaire (p. 15, case 4).
• L'église Saint-Pierre-le-Jeune (p. 27, case 2).
• Au Palais Rohan :
  - la cour (p. 33, cases 1 et 4).
  - la chambre de Napoléon (p. 36, case 1).
• l'Hôtel de la Préfecture (p. 40, case 5).
Au Taennchel (68) : le rocher de la Paix d'Udine (p. 24, case 2).
À l'Écomusée d'Ungersheim (68) : les maisons (p. 7, case 4 ; p. 20, case 4 ; p. 23, case 5 ; p.39, case 5).
À Wissembourg (67): la rue (p. 15, case 1).

Ailleurs en France :
À Paris : le cimetière de Picpus (p. 17, case 6).

Quelques idées pour se promener dans le temps

• L'ancienne principauté autonome de Salm-Salm, rattachée à la France en 1793 : dans le Bas-Rhin, ce sont les quatre communes de Saulxures, Plaine, La Broque, et Grandfontaine.
• Le site des forteresses de Huningue, Neuf-Brisach, Fort-Louis, Sélestat.
• L'espace des champs de bataille de Woerth et Wissembourg (où on cultive toutefois surtout le souvenir de combats postérieurs, ceux de 1870).
• Les tombes ou monuments qui rappellent les victimes d'Euloge Schneider : à Epfig, Gresswiller, Obernai.
• À Ettenheim (Bade-Wurtemberg), les lieux qui évoquent le cardinal de Rohan et le duc d'Enghien.
• On peut suivre le trajet qui était ponctué par des installations du télégraphe de Chappe jusqu'à Huningue et surtout la tour Chappe au-dessus de Saverne.

À l'écoute des siècles

Dans un souci d'authenticité, beaucoup de « bulles » contiennent des citations réelles :
• Extraits de rapports d'époque (p. 3, case 3, bulle1 ; p. 14, case 5 ; p. 15, case 3), dont les cris séditieux et l'identité des mutins de Molsheim (p. 8, case 1).
• Propos d'hommes politiques divers : **Chaumette** (p. 5, case 3), **Dubois** (p. 6, case 3), **Laurent** (p. 6, case 3), **Schneider** (p. 6, case 6), **Hérault de Séchelles** (p. 11, case 4), **Lacoste** (p.12, case 6), **Barère** (p. 15, case 5), **Foussedoire** (p. 19, case 2), **Bailly** (p. 19, case 4), **Napoléon** (paroles rapportées par un voyageur, p. 41, case 4).

- Décret du 24 août 1793 (p. 8, case 5).
- Manifeste de **Wurmser** (p. 9, case 5).
- Textes d'affiches de 1793 (p. 10, case 3 et 4).
- Lettre de **Westermann** (p. 13, case 5).
- Boutade de **Hoche** et réponse de ses soldats (p. 14, case 1).
- Extrait des cahiers des Jacobins de Ribeauvillé (p. 18, case 4).
- Propos d'un journaliste (p. 20, case 4).
- Discours du bourgmestre **Hofer** (p. 25, case 4).
- Documents du plébiscite à Rosheim (p. 31, case 2).
- Propos du maréchal **Lefèbvre** et de sa femme (p. 35, cases 2 et 3), du maréchal-duc de **Bellune** (p. 38, case 2).
- Proclamation de **Schwarzenberg** (p. 38, case 3).

D'autres bulles résument ou reprennent des idées qu'on trouve également dans des documents d'époque :

- Motifs de l'esprit public en Alsace (p. 3, case 3, bulle 2).
- Problèmes posés par les princes possessionnés (p. 4, case 2).
- Raisons pour enclore Mulhouse dans des barrières douanières (p. 5, case 1).
- Refus de rejoindre l'armée, exprimé dans plusieurs régions de France (p. 7, case 5).
- Opinions révolutionnaires au sujet de l'Alsace (p. 6, case 1 ; p. 8, case 3 ; p. 10, case 1 ; p. 12, case 4).
- Projets de noyade (p. 16, case 1) et propositions diverses pour « assainir » l'Alsace (p. 16, case 4).
- Teneur des accusations dans l'affaire de Hirtzbach (p. 17, case 3).
- Soucis des Mulhousiens (p. 26, cases 3 et 4).
- Propos de **Lezay-Marnésia** (p. 36, cases 3 et 4).
- Jugements sur le duc de **Berry** (p. 40, case 3).
- Propos de **Rapp** (p. 43, case 2).

La réception à la Maison Rouge (p.25, case 1) s'inspire de la correspondance des demoiselles de **Berckheim**.

La traduction en allemand de la Marseillaise (p. 3) est tirée d'un exemplaire du « Wochenblatt, dem Unterricht des Landvolks gewidmet » publié à Colmar en 1792.

Pour ressusciter la vie de jadis

Pour dessiner les coiffes féminines, on s'est fondé sur les tableaux et les objets de l'exposition « Quelques paillettes, un peu de soie » au Musée Unterlinden (Colmar) : celle de la vieille dame de la p. 3 case 2 ; celles de femmes de la p. 6, case 4 ; celle de la femme de p. 37, case 5 ; celle des deux femmes de la p. 41, case 6 ; celles des femmes (p. 20, cases 5 à 7).

Certains costumes et coiffes proviennent d'ex-voto : ceux des personnages (p. 38, case 5) ; ceux du couple (p. 43, case 1).

On a pris comme base pour certaines scènes des documents exposés dans des musées divers :
- Les patriotes chantant la Marseillaise (p. 3, case 5), au Musée Carnavalet (Paris).
- La vue de Mulhouse (p. 5, case 1), la réunion du Conseil de Mulhouse (p. 24, case 4) au Musée Historique de Mulhouse
- Le bombardement de Kehl (p. 9, case 1) ; la remise des coiffes « allemandes » (p. 10, case 5) d'où vient aussi le costume des « Propagandistes » (p. 15, case 4) , l'exposition d'Euloge Schneider sur la guillotine (p. 13, case 3) ; les chasseurs et le château d'Angleterre » (p. 30 case 1) au Musée Historique de Strasbourg.
- La jeune fille avec son service à café (p. 37, case 3) au Musée des Beaux Arts de Strasbourg.
- La reddition de Huningue (p. 42, case 5) au Musée Historique de Huningue.

Des documents d'époque ont fourni la vue de La Claquette (p. 7, case 3) ; le « monument à la Nature » (p. 11, case 1) ; l'uniforme des hussards noirs (p. 13, case 4) ; l'aspect de Dusenbach avant sa démolition (p. 16, case 3) ; la rue du Marché-aux-Poissons dans son état des années 1790 (p. 19, case 3) ; le débarquement de l'armée de Sambre-et-Meuse (p. 23, case 2) ; le Haut-Barr avec le télégraphe de Chappe à son premier emplacement (p. 26, case 2) ; l' « Incroyable » et la « Merveilleuse » (p. 27, case 1) ; le bateau de Bonaparte (p. 28, case 1) ; le tirage au sort (p. 31, case 3) ; les bateaux (p. 31, case 5) ; la place de l'Homme de Fer à Strasbourg au début du XIXe siècle (p. 32, case 5) ; l'arc de triomphe au pont du Rhin en 1806 (p. 34, case 1), la porte d'Austerlitz (p. 34, case 3) ; le château de la Meinau (p. 34, case 4) ; l'Orangerie de Strasbourg (p. 35, case 6) ; l'arc de triomphe de 1810 (p. 36, case 2) ; la promenade (p. 36, case 5) ; l'Ile Napoléon (p. 37,case 4) ; le bombardement de Sélestat (p. 38, case 4) ; les costumes des Suisses (p. 42, case 2).

L'enseigne (p. 16, case 4) est authentique, ainsi que l'affiche (p. 18, case 3). Les prénoms des personnages de la p. 12, case 4, sont effectivement ceux d'un couple qui vivait dans cette maison.

Le texte gothique de la page 18, case 3, a été copié dans un registre de Brumath.

On a utilisé des portraits authentiques pour de nombreux personnages dont :

- Le général de Wurmser (p. 9, cases 2 et 5).
- Hérault de Séchelles (p. 11 case 4).
- Le Conventionnel Barère (p. 15, case 5).
- Le Directeur Reubell (p. 21, case 2).
- Madame Royale (p. 21, case 5).
- Le maire Hofer (p. 25, case 4).
- François de Neufchâteau (p. 26 case 1).
- Les délégués Bonnier et Debry (p. 27, case 3).
- Soleyman el Halabi et Kléber (p. 29 case 3).
- Le duc d'Enghien (p. 32, case 3).
- Le mamelouk Roustan (p. 33, case 1).
- L'espion Schulmeister (p. 33, cases 2 et 3).
- Le maréchal Lefèbvre et sa femme (p. 35, cases 2 et 3).
- Le maréchal Victor (p. 38, case 2).
- Le général Schwarzenberg (p. 38, case 3).
- Kellermann et le duc de Berry (p. 40, case 3).
- Le comte de Kergariou (p. 41, case 3).
- Le général Rapp (p. 42, case 4, et p. 43, case 2).

DANS LA MÊME COLLECTION

1. L'Alsace avant l'Alsace

2. Alesacios
   (de 400 à 833)

3. D'un Empire à l'autre
   (de 834 à 1122)

4. Le temps des Staufen
   (de 1125 à 1268)

5. Quand les villes se voulaient libres
   (de 1270 à 1477)

6. Dans une Europe en ébullition
   (de 1477 à 1604)

7. De l'aigle aux lys
   (de 1605 à 1697)

8. Une province dans le royaume de France
   (de 1698 à 1792)

9. Allons, enfants...
   (de 1792 à 1815)

10. L'Alsace des Romantiques
    (de 1816 à 1871)

11. L'Alsace dans le Reich
    (de 1871 à 1918)

12. Croire à la paix
    (de 1919 à 2009)

Hommage à
FRANCIS KELLER

Francis Keller, né à Colmar le 13 mars 1961, avait plusieurs cordes à son arc.

Les uns l'ont surtout connu comme un passionné de musique rock et électro, qui composait ses musiques et écrivait lui-même les textes de ses chansons. Il a été applaudi lors de nombreux concerts.

Pour les autres, c'était d'abord un dessinateur, un illustrateur, un peintre, qui s'était exercé à la rigueur pendant sa formation de typographe à l'École des Arts Appliqués. Il laisse derrière lui des toiles aux sujets divers, des fresques murales, des story-boards, des affiches publicitaires…

Dans le domaine de l'édition, il a illustré des livres pour enfants et s'est rendu célèbre dans le genre de la bande dessinée, essentiellement historique.

Ainsi, en 1987, il a réalisé « L'Enfer du Tromé », à la fois comme scénariste et comme dessinateur. Par la suite, il a illustré la série des « Aventures de Martin Lohrer », sur des scénarios de Jean-Marc Thiébaut, des B.D. dont le héros est un Humaniste de la Renaissance en Alsace.

Aux Editions du Signe, il a été le dessinateur de « Voyage vers Léon IX - Le Lion de Pierre », sur un scénario de Thierry Wintzner, et de « La Mémoire retrouvée », dont il était lui-même le scénariste.

En 2009, il est entré dans l'équipe de « Cette histoire qui a fait l'Alsace », dirigée par Marie-Thérèse Fischer, scénariste, et on lui a confié les tomes 2, 4, 7 et 9. Confronté à de grandes exigences en matière de précision dans l'évocation des diverses époques, il a su rendre vie aux siècles avec un talent admirable, devenant de plus en plus minutieux dans ce travail qui le passionnait.

Hélas, le 29 juillet 2011, alors qu'il avait achevé le crayonné de la page 22 et s'apprêtait à l'encrer, il s'est effondré près de sa planche à dessin…

Francis Keller méritait qu'on lui rende hommage dans cette B.D., pour laquelle il a dessiné ses derniers personnages : une farandole de jeunes pleins de vie !

Bibliographie de Francis Keller :

Bandes dessinées :
L'Enfer du Tromé
Les Aventures de Martin Lohrer :
- L'Or des Unterlinden *(prix «Spécial Coup de Cœur» Festival Bédéciné ILLZACH 1991)*
- Noël à Kaysersberg
- Le Hanap d'argent
- Le Testament d'Erasmus
- Éclipse au Hohlandsbourg
- Le Siècle sans fin

Voyage vers Léon IX - Le Lion de Pierre
La Mémoire retrouvée
Notre-Dame de Strasbourg - Une Cathédrale à travers les siècles
Mulhouse, le grand héritage (ouvrage collectif)
Cette histoire qui a fait l'Alsace, tome 2 : Alesacios (de 400 à 833)
Cette histoire qui a fait l'Alsace, tome 4 : Le Temps des Staufen (de 1125 à 1268)
Cette histoire qui a fait l'Alsace, tome 7 : De l'aigle aux lys (de 1605 à 1697)
Cette histoire qui a fait l'Alsace, tome 9 : Allons enfants... (de 1792 à 1815)

Livres pour enfants :
Série Lili et Boule de gomme :
- À la campagne
- Le Trésor de la princesse
- Le Phare des sirènes

Les Aventures de Clémentine :
- Clémentine la tortue
- Clémentine et le raisin magique
- Clémentine à Noirmoutier
- Clémentine et le Père Noël
- Aux urnes Clémentine

Les Aventures de Moustique :
- Un ami pour la vie
- L'Incroyable Voyage
- Moustique à Paris

Une montgolfière intersidérale
Les Fantaisies de la montgolfière

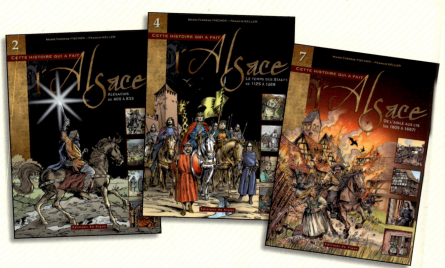

La dernière planche de Francis KELLER
pour le tome 9 de la collection «Cette histoire qui a fait l'Alsace».

Ton crayon magicien ressuscitait le temps...
Un soir, tu l'as lâché : ton heure était venue.
Et tu nous as quittés, Francis, en nous laissant
La tâche d'achever ton oeuvre interrompue.

Des larmes plein le coeur, quand nous continuerons,
Tout en pensant à toi, d'illustrer et d'écrire,
Je crois que, quelquefois, nous te devinerons
Présent tout près de nous, avec ton bon sourire.

Adieu l'Ami !

Marie-Thérèse Fischer